AF370246

DISSERTATION

sur

LES OPÉRAS BOUFFONS

ITALIENS,

Par M. Quatremere de Quincy.

1789.

DISSERTATION

SUR

LES OPÉRAS BOUFFONS

ITALIENS.

De la nature des Opéras Bouffons Italiens, et de l'union de la Comédie et de la Musique dans ces Poëmes.

SEROIT-IL vrai qu'on pût soumettre nos jouissances dans les arts, à une espèce de théorie ; qu'après avoir renfermé le génie dans les entraves de certaines règles, on pût aussi prescrire quelques loix à l'admiration des chefs-d'œuvres de l'art ; que la manière d'en jouir eût ses principes et ses secrets ; qu'il y eût enfin une sorte d'enseignement, qu'on pût donner des leçons et faire des élèves en ce genre ?

J. J. Rousseau l'a prétendu pour la musique;

Après avoir fait, dit-il , *un art de la compo-
ser, il faudroit aussi en faire un de l'entendre.*
Je regrette fort que ce grand homme ne nous
ait laissé que le projet d'une semblable théorie.
Cependant cet ouvrage, s'il existoit, produi-
roit-il le genre d'utilité qu'annonceroit son titre?
J'ose en douter; j'oserois même prédire que de
telles leçons tourneroient plus au profit des com-
positeurs, que des auditeurs de musique. Du
moins est-il certain que la partie du public qui
seroit en état de comprendre ces leçons , seroit
celle qui auroit le moins besoin de les recevoir.

Il en faut d'un autre genre pour la multitude,
dont le goût est toujours la base sur laquelle re-
posent le succès et la gloire des arts; mais la
multitude ne veut prendre de leçons que de l'expérience.

Il n'y eut jamais de meilleur juge dans les
arts du dessin , que le peuple Grec , parce
que toutes ses villes , ses bourgades, ses cam-
pagnes, offroient un peuple de statues et de
monumens, et qu'on ne pouvoit faire un pas
sans recevoir une leçon.

Il n'existe pas aujourd'hui un peuple plus con-
noisseur en musique que le peuple Italien, parce
que depuis long-temps cet art qui s'est mêlé à
tous ses goûts, constitue presque tous ses plaisirs.

Lorsque François premier, Louis XIV, et d'autres Souverains de l'Europe, voulurent transporter chez eux les arts de l'Italie, ils ne lui demandèrent point de leçons, ils y achetèrent des modèles.

Cette heureuse transplantation semble avoir fait aujourd'hui de l'Europe un seul royaume, en quelque sorte uni par un langage commun, celui des arts, le seul qui puisse appartenir à tant de peuples divers. Tout s'est réuni pour former ce commerce heureux de sciences et d'arts, qui, depuis long-temps, ne connoît plus de privilège exclusif. Rien aujourd'hui n'appartient plus sans partage à aucun peuple. Des procédés de tout genre, en multipliant les modèles de la sculpture, reproduisent dans une autre matière et sous d'autres cieux les formes exactes par lesquelles les Grecs ont rendu la beauté durable. Les monumens les plus éloignés se rapprochent par la gravure; l'art de l'Imprimerie ne fait plus enfin de l'univers qu'une grande patrie, dont le zèle des traducteurs a rendu tous les hommes concitoyens.

La musique seule est d'un commerce difficile. Cet art, dont les signes, à la vérité, transmettent et perpétuent les idées, n'existe dans les caractères qui lui sont propres, que pour l'artiste qui en a l'intelligence ; mais il n'acquiert réellement de la vie, sur-tout pour le commun des hommes, que par l'action des instrumens et des voix. Les moyens par lesquels on peut en reproduire les effets, sont difficiles et dispendieux. L'usage des concerts est insuffisant, sur-tout pour une foule de morceaux dont la scène peut seule motiver la véritable expression. Il a donc fallu se procurer à grands frais les modèles originaux d'un art qui dégénère trop dans les copies imparfaites que peuvent nous présenter les concerts ; et toutes les nations de l'Europe se sont accordées à élever des théâtres, où cet art, revêtu de la langue qui lui est la plus favorable, recevroit le mouvement et la vie qui lui sont propres.

Ce théâtre étranger, dont la concurrence ne sauroit qu'être avantageuse à ceux du même genre, manquoit à cette capitale. Il manquoit aux progrès de la musique, dont il ne peut que répandre et perfectionner de plus en plus le goût, par les points de comparaison qui vont s'établir, par les leçons de l'expérience et de l'habitude que la multitude y recevra. Si de l'habitude de comparer résulte l'art de juger, le jugement se perfectionne et s'épure en raison du grand nombre et de la qualité des modèles qui servent de base à la comparaison. Il n'est plus permis aujourd'hui de mesurer, dans aucun genre, ses jouissances sur ses propriétés, ni de s'isoler dans cet amour-propre exclusif, qui croit voir sa défaite dans le triomphe d'autrui ; mais cela est encore moins possible à l'égard de la musique, que pour aucun autre art.

On ne sçauroit nier, et tout le monde est d'accord, qu'en fait de musique, l'Italie seule, est plus riche que tous les autres peuples ensemble. Elle a produit, sans aucune proportion, plus de grands maîtres que tout le reste de l'Europe n'en produira peut-être jamais. Elle doit cet avantage à l'idiome harmonieux, sonore et flexible, dont la simple prosodie devient en quelque sorte, le premier élément du chant; à la nature d'un climat doux et voluptueux, qui assoupit les organes, exalte les passions, embellit leur langage, et donne à l'imagination les pinceaux ardens de la nature; à toutes les institutions favorables à l'exercice de la musique; à l'excellence enfin des écoles fondées pour la culture de cet art.

Ce n'est pas, au reste, l'éloge de la musique Italienne que je me propose de faire ici; son éloge existe dans l'adoption qu'en ont fait toutes les nations de l'Europe, dans les hommages

A 4

que n'a cessé de lui rendre la nation française; elle qui a déjà tenté de la naturaliser sur son sol, qui a essayé de s'en approprier les charmes, en la greffant, si l'on peut dire, sur sa propre langue, qui tous les jours lui élève de nouveaux autels sur ses théâtres, et qui a voulu l'adorer dans un temple qui lui fut particulier.

Si l'établissement de ce nouveau théâtre pouvoit offrir au peuple de cette ville quelque chose d'étrange, et dont la nouveauté fût capable d'apporter quelque obstacle à son succès, ce ne seroit pas sans doute, la musique. S'il se peut qu'il y ait des leçons qui apprennent à bien juger de cet art, je ne crois pas qu'il y en ait pour le faire aimer, et, dans tous les cas, les instructions seroient ici superflues.

Il n'en est peut être pas de même pour le goût dramatique, et le genre des pièces auxquelles est attaché le plaisir de la musique, dans les *opéras bouffons* ou comiques. Il se peut d'abord que la différence des mœurs, des manières, des ridicules, qu'une expression étrangère d'habitudes qui ne sont pas les nôtres, de gestes inconnus, de plaisanteries perdues ou sans effet pour nous, que des contrastes qui nous paroissent outrés, et mille autres choses de ce genre, nuisent au plaisir de ces représentations. Cependant la moin-

dre réflexion suffit pour abattre ce préjugé pué-
ril, qui blâmeroit dans des étrangers des manières étrangères : ce ridicule n'a jamais été celui
d'un peuple sensé.

Mais s'il est un peuple qui, par la nature de
ses mœurs, et les grands modèles de son théâtre, soit sensible aux plus légères convenances
de la scène, qui familiarisé avec la régularité
dramatique, se choque des moindres disparates, qui, préfère ordinairement la conduite de la
raison, dans une pièce, à l'essor, si souvent ir-
régulier du génie, dont la délicatesse enfin se
blesse sur le théâtre, comme dans la société,
de tout ce qui est brusque, incohérent, exagéré,
de tout ce qui sort des règles ordinaires de la nature, et même du cercle de ses usages ; dirai-je
que ce peuple sera moins disposé qu'un autre à
goûter les élans de la musique? Non ; mais il aura
besoin, plus que tout autre, qu'on lui prêche la
tolérance pour des pièces dont les convenances
sont subordonnées à un autre ordre de principes, pour des poëmes dont la musique doit faire
la seule poésie, pour des drames qui ne peuvent et ne doivent être jugés par aucune des règles dramatiques.

Un goût plus sage et plus réglé, dit-on, con-
duit ici la marche de nos poëmes (on ne parle

que des opéras comiques). Je ne veux pas en faire la comparaison ; mais aussi dans nos spectacles de musique , m'a-t-il toujours semblé que le public prend assez souvent le change, et qu'il y règne une sorte d'équivoque de plaisir. Ne prend-on pas souvent l'expression du jeu pour l'expression du chant , l'esprit du poëte pour le talent du musicien , l'intérêt dramatique pour l'intérêt musical ? L'acteur n'y reçoit-il pas plus de *Bravo* que le chanteur? Je n'en sais rien ; mais j'entends toujours louer les chanteurs sur leur jeu, applaudir la scène à la place de l'air, et le spectacle pour la musique ; on diroit que l'acteur chante par les gestes, et que le peuple n'écoute qu'avec les yeux.

Je sais bien que c'est le contraire en Italie : la manière dont les Italiens ont divisé chez eux les plaisirs du théâtre, en est la preuve : chaque art y a un culte particulier. Dans les ballets-pantomimes, toujours indépendans de l'opéra, ils ont relégué toute la pompe de la scène et les illusions de la peinture, et les mouvemens de la danse , et toute l'action du jeu. C'est le vrai spectacle des yeux. Leur opéra sérieux ne donne presque rien aux jouissances de cet organe ; on n'y parle à l'ame que par les sons et l'organe qui les transmet. Leur théâtre comique offre une semblable division. C'est dans les comédies qu'ils veulent trouver la peinture naïve des mœurs, la vraisemblance de l'action, l'intérêt des personnages, la vérité des caractères. L'estime qu'ils ont pour les pièces françaises, et les traductions dont ils ont enrichi leur théâtre, font preuve de la bonté de leur goût en ce genre ; on en jugeroit mal par leurs drames destinés à la musique. Ils ne les considèrent, pour la plupart, que comme des esquisses légères, d'après lesquelles le musicien doit faire des tableaux qui attendent de lui et le dessin et la couleur. On ne demande au poëte que l'art de connoître les intérêts de la musique, d'en prévoir les effets, de ménager des situations, d'amener des contrastes, de motiver ou des morceaux variés de mélodie, ou de grands effets d'harmonie, de susciter des incidens, de produire des nuances, de s'adapter enfin jusque dans le choix des mots les plus sonores, aux besoins du musicien, comme à l'intérêt du chanteur. Et, de fait, on n'a jamais essayé de mettre en musique des poëmes qui n'ont point été composés dans les intentions que je viens de déduire.

Ici, j'entends l'objection ordinaire : que la musique ne peut rien sans la poésie, que ses charmes sont inséparables de ceux du langage, qu'elle ne doit être qu'un agrément ajouté au langage poétique pour en renforcer l'expression et en augmenter la valeur, qu'on ne conçoit pas enfin comment l'embellissement accessoire peut plaire, lorsque le langage principal est défectueux.

Ces raisons sont bonnes ; cependant elles ne le sont que pour établir entre les deux arts un genre d'accord, très-naturel sans doute, mais qui n'existe plus depuis que la musique a si prodigieusement étendu son empire, et qu'elle s'en est formé un presque indépendant de celui de la poésie. Je pourrois faire voir ici de quelle nature est le nouvel accord, beaucoup plus subtil, qui règne encore entre ces arts, ce qu'ils ont perdu, ce qu'ils ont gagné en se divisant en apparence ; comment sur-tout la musique, devenue en quelque sorte la poésie des sons, a dérobé les pinceaux de sa rivale ; comment elle a la propriété d'investir les paroles les plus prosaïques de la poésie qui leur manque ; et pourquoi elle ne doit plus être regardée comme un genre de déclamation, dont les moyens se borneroient à faire ressortir les beautés du poëme. Ces discussions seroient longues, et prouveroient moins que des exemples et des faits.

Or, il est prouvé par le fait, que la musique

vocale, en perdant de son ancienne et intime liaison avec la poésie, est cependant parvenue à nous émouvoir et à nous plaire, on peut le dire, par elle-même et par elle seule. Tous les peuples de l'Europe en ont la preuve dans ces morceaux d'une latinité barbare et d'une versification gothique, qui, dénués de toute espèce de charmes de langage, sont devenus néanmoins les sujets de la plus éloquente musique. Je demande, par exemple, s'il existe dans le *Credo* le moindre sentiment de poésie, soit en idées, soit en images, soit en paroles? J'en appelle cependant à ceux qui ont entendu les beaux *Credo* des grands maîtres d'Italie, et sur-tout celui du célèbre Galuppi; qu'ils disent s'ils trouvent de la poésie dans le *Crucifixus etiam pro nobis, sub Pontio Pilato;* et si le morceau de musique qui rend cette strophe, ne le dispute pas cependant aux plus sublimes tableaux de la peinture et de la poésie. Preuve certaine que la poésie des paroles ne constitue pas la poésie des sons.

J'irois plus loin s'il le falloit, et je dirois que, loin que la musique se borne à renforcer, comme on le voudroit, l'expression des paroles, cet art souvent en donne à celles qui n'en ont pas; d'autres fois, le soin du musicien est de les faire oublier, de les éteindre en quelque sorte: d'où il résulte que, dans l'exemple que j'ai choisi, et dans une foule d'autres que chacun est en état de citer, la musique produit seule, et toute seule, l'impression profonde et sublime dont cet art, le plus grand de tous les enchanteurs, est le créateur unique. On peut donc dire que, dans l'exemple cité, le petit nombre de paroles qui font la base de cette musique, n'entrent pour rien dans les ressorts qui nous émeuvent, et concourent si peu à cet objet, qu'on leur substitueroit la simple vocalisation, sans que l'effet y perdît. Ce n'est point ici la musique qui développe et explique les paroles, cé sont les paroles qui servent comme de titre à la musique, et le Prosateur ne fait que nous apprendre le sujet du musicien.

Il est donc bien certain que la musique peut, par ses seules ressources, affecter très-fortement notre ame, qu'elle a par elle-même des moyens indépendans de la poésie du langage, que souvent elle ne souffre aucun partage avec celle-ci, et ne veut devoir qu'à elle-même les charmes qui nous séduisent.

Si cela est reconnu, il faut avouer que le lieu où la musique exerce son empire, que le sujet qu'elle traite ne changent point la nature de ses moyens. Que ce soit dans les temples ou au théâtre, que ce soit un sujet sacré ou profane, que le sujet soit de nature à ne pouvoir être qu'en récit, ou qu'il puisse être animé par l'action théâtrale, je n'apperçois pas moins dans la musique deux pouvoirs ; l'un, de renforcer les accens de la poésie ; l'autre, d'y suppléer ; l'un, d'ajouter aux couleurs du poëte une espèce de vernis qui les fait ressortir ; l'autre, de substituer ses couleurs à celles du poëte ; l'un enfin qui est le complément de la poésie, et l'autre qui en est le supplément.

On peut, sans doute, choisir entre ces deux genres. Nous ignorons quel fut l'état de la musique chez les Grecs, considérée indépendamment du théâtre ; mais nous en savons assez sur la nature de leurs représentations théâtrales, sur le mode de leur accompagnement instrumental, sur le genre de leur mélopée, pour présumer que la musique de théâtre resta subordonnée à l'intérêt dramatique. La richesse de leurs poëmes, la beauté de leur versification, prouveroient assez que, si l'un des deux arts dut se subordonner à l'autre, ce ne fut pas la poésie. Une flûte simple ou double accompagnoit les drames de Ménandre, dont Térence nous a conservé les copies, et il y a loin de cet accompagnement au nombreux orchestre qui accompagne, chez nous, des drames qui ne valent pas tout-à-fait ceux de Ménandre.

Si je remonte à l'origine de la musique et du théâtre dans la moderne Italie, j'y vois de même l'art musical réduit à un simple accompagnement, et à un récitatif fait pour renforcer la déclamation, en fixer les accens, et ôter à l'acteur le pouvoir de changer ou dénaturer, à son gré, l'expression des paroles et les idées du poëte. C'est ainsi que furent joués sur les théâtres de Mantoue, les drames de l'Aminte et du Pastor-Fido, grand nombre de traductions de Sophocle et d'Euripide, que la souplesse de la langue Italienne étoit déjà parvenue à s'approprier. Les charmes de la poésie faisoient presque tous les frais de ces sortes de spectacles. On étoit loin de prévoir alors que la musique, qui n'étoit que la suivante de la poésie, en deviendroit un jour la rivale, et qu'enfin la poésie finiroit par n'être que l'accompagnement de la musique.

Cette révolution, dont il n'est pas question ici de rechercher les causes, ni d'indiquer la progression, devoit dépendre de la perfection de la Musique instrumentale, de l'art du chant, et de celui des accompagnemens.

Je suis loin d'inférer de là que la musique ait anéanti la poésie dramatique en Italie ; il suffit de nommer Apostolo Zeno et Metastasio , pour prouver le contraire. Ces deux poëtes ont laissé les meilleurs modèles du genre de poëmes, qui peut encore, dans le style héroïque, concilier l'intérêt des deux arts.

Mais on peut dire que le goût de la musique a absorbé, en Italie, tout autre goût, et que les musiciens qui ont travaillé sur Metastasio, ont ajouté aux graces de sa poésie plus peut-être qu'il n'en falloit pour l'intérêt du poëte. L'on ne sauroit nier que le peuple Italien ne trouve aujourd'hui plus de plaisir à l'ornement de sa poésie, qu'à sa poésie elle-même.

Si cet effet est arrivé à des poëmes remplis de tous les charmes du langage, animés par l'expression la plus sensible des passions, riches de toutes les images de la poésie, qu'en doit-on conclure raisonnablement ? Qu'il existe donc dans la musique un art plus actif encore que la poésie sur l'imagination; que la combinaison exacte et précise des forces respectives de ces deux arts, n'iroit peut-être aujourd'hui qu'au détriment de chacun d'eux; que cet équilibre ne semble plus pouvoir exister; et que, puisqu'ils ont séparé leur empire, on doit aussi diviser ses hommages.

Mais si cette association des deux arts est

si difficile dans ces drames, qu'on appelle *Opéra sérieux*, malgré toute l'attention du Poëte et sa condescendance pour le musicien, si le charme de la musique a vaincu le charme du poëte, combien sera-t-il encore plus difficile d'en opérer la réunion dans les représentations de la comédie, dont tous les secrets et tous les ressorts sont absolument sans rapport avec ceux de la musique, et dont les beautés sont d'un genre si différent ?

La comédie, cette espèce de miroir de la vie civile, n'est autre chose que la représentation fidelle des mœurs, des affections, des vices et des vertus sociales, dont l'heureux contraste produit ces tableaux qui, tour-à-tour, nous touchent, nous intéressent et nous divertissent. Les règles que cet art s'est données pour créer les illusions qui sont de son ressort, ont pour base l'accord de toutes les convenances. Plus le modèle de l'art est près de nous, plus les défauts de la copie sont faciles à appercevoir, et plus aussi par-là l'imitation acquiert de difficultés. Ainsi c'est dans l'extrême vérité des caractères, dans la vraisemblance de toutes les situations, dans la bienséance de toutes les oppositions, dans les nuances adroites des contrastes, la progression et la conduite ménagée des scènes, leur succession bien motivée, la liaison de tous les rôles accessoires au principal, la dépendance de toutes les parties avec le tout, l'unité d'intérêt enfin, que consiste le grand art de la comédie ; je ne parle ni de l'unité de temps et de lieu, ni de toutes les autres convenances élémentaires, qui sont les premiers principes de cet art, du plaisir qu'il produit, et de l'illusion qui en résulte.

Qu'on joigne à tous ces plaisirs celui d'un accompagnement musical, qui renforce encore les tons de la poésie ; qu'on suppose une sorte de récitatif analogue à l'esprit du poëte, pourvu que la langue puisse se prêter naturellement à la mesure d'un rhithme cadencé, et l'on aura un spectacle très-ressemblant aux comédies de Térence, ou aux pièces Italiennes en simple récitatif.

Mais sera-ce ce qu'on appelle aujourd'hui un spectacle de musique ? Comparons le pouvoir de la musique, et jugeons, par les effets qu'elle produit dans les *opéras bouffons* ou comiques, de la différence de ses moyens, et du degré d'alliance qu'elle peut contracter avec la Comédie.

La Musique est un Art purement idéal, dont

le modèle est imaginaire et l'imitation intellec-
tuelle. Soit que, par les ressorts de l'harmonie imitative et la combinaison des sons, il
parvienne à exprimer et à rendre les effets
bruyans de la nature, tels que les vents, les
tempêtes, le bruit des flots, etc.; soit que par
une transposition plus ingénieuse encore, il
exprime, par le bruit des corps sonores et des
voix, les passions et les mouvemens de l'ame,
qu'il dérobe quelques accens à la douleur ou
à la joie, fasse parler jusqu'au silence, et
rende sonores les plus muettes expressions de
l'ame ; cet art n'est qu'un prestige, son modèle un fantôme, son imitation une magie.
Il ne lui faut que des images à peindre, que
des passions à exprimer. Associé à la comédie, il rejettera toutes ces transitions légères
qui nuancent les rôles, toutes ces délicatesses
de vraisemblance, toutes ces finesses de raisonnemens, tous ces détails d'esprit et de sentiment, tout cet enchaînement d'intérêts variés, tout cet artifice de raison enfin dont se
compose la vraisemblance dramatique. Il lui
faut des mœurs très-prononcées, des caractères
outrés, des passages brusques, des contrastes
violens ; ses moindres affections seront des
passions, et ses passions un délire. Ce sera

toujours la folie pour la joie , le désespoir pour la douleur, la stupeur pour l'étonnement, la rage pour la colère, la jactance pour le courage, la niaiserie pour la naïveté, l'ivresse pour l'amour, la fureur pour la jalousie, etc. Les cordes de sa lyre sont montées trop haut pour s'accorder avec aucune autre ; elle trempe ses pinceaux dans des couleurs trop fortes, pour s'allier avec les nuances légères de la comédie. Le modèle de la comédie, est l'homme tel qu'il est ; celui de la musique, est l'homme tel qu'il peut être. Les bornes de la comédie sont l'invraisemblable, celles de la musique sont l'impossible.

Comment donc espérer de faire marcher d'accord ces deux arts?

Avant qu'on eût essayé de transporter sur le théâtre de Thalie toutes les richesses dont la musique est susceptible, il régnoit un peu plus d'accord entr'eux. Une intrigue simple , un petit nombre d'acteurs , en réduisant la musique à peu d'effets , préservoient aussi le poëte des écarts de la disconvenance. Longtemps les intermèdes furent à deux voix. La *Serva Padrona* traduite, et si connúe sur le théâtre de Paris, est le meilleur modèle qu'on puisse citer des ouvrages de ce genre. Le nombre des chanteurs s'est accru par degré jusqu'à cinq, puis sept, et même au-delà. La musique et le drame pouvoient-ils gagner en égale proportion à cet accroissement d'acteurs? Je le laisse à décider; mais ce qui est bien certain, c'est que les difficultés de les accorder devinrent, sans proportion, beaucoup plus grandes. L'intérêt seul de la musique avoit provoqué cette multiplication d'acteurs : le poëte se trouva donc aux ordres du musicien.

Mais comment le musicien considère-t-il les personnages qui mettent sa musique en action? Comme les premiers et les principaux instrumens de l'action musicale par laquelle il **veut** nous émouvoir.

Dans cette hypothèse, il faut qu'il connoisse leurs moyens particuliers et respectifs, la nature de leurs voix, le degré de talens et l'étendue de capacité qu'ils ont, leurs qualités pour les faire briller, leurs défauts pour les déguiser, et quelquefois même pout en tirer parti. Tel peut plaire dans un *Duo*, qui ne sera que médiocre dans un *Solo :* tel brille dans la *bravoure*, qui chante mal le *cantabile ;* et *vice versá* pour tel autre : tel a besoin d'être soutenu par l'accompagnement, et tel veut qu'on ménage la foiblesse de sa voix: celui-ci a de l'agilité, celui-là de l'effet; l'un a de la grace, l'autre de la force, etc.

Voilà donc ce qui décide impérieusement de la distribution des rôles et de la composition du tout; ce ne sauroit être au poëte à en décider. Premier sujet de discorde entre le Poëme et la musique.

Quand le musicien a reconnu les propriétés de chaque sujet, il faut qu'il assigne la place qui convient à chacun dans son tableau, et, si l'on peut dire, l'attitude qui leur est la plus favorable; il faut encore qu'il leur distribue, si l'on peut dire, les jours et les ombres d'où résultera l'effet total et partiel. Il évitera de faire succéder plusieurs airs sur un même ton, plusieurs chanteurs du même genre. Son art est de jeter de la variété, d'entremêler les différens caractères de voix, les diverses formes de chant, de les faire valoir par des oppositions, de faire briller les meilleurs sujets par des contrastes adroits, d'épargner aux plus foibles la défaveur d'un parallèle trop voisin, d'entretenir l'attention de l'auditeur, quelquefois encore de la relâcher pour la tendre ensuite plus fortement, de ménager des repos pour faire briller ses richesses.

Voilà ce qui décide de la succession des

scènes. Deuxième sujet de difficulté pour la conduite du drame.

Mais lorsque le musicien veut des changemens subits, des passages brusques, ou des préludes nécessaires au développement d'un grand morceau de musique, lorsqu'il veut préparer les sublimes accords de ces grands effets d'harmonie qu'on appelle *finales*; qu'il lui faut pour cela des incidens rapides, qui motivent les diverses passions qu'il veut mettre en combat, et y ménager des surprises; qu'il lui faut grouper ou isoler ses personnages, pour varier ses effets et faire avancer ou reculer ses masses : alors, plus que jamais, l'acteur devient l'instrument de la musique et non du poète; alors les premières convenances qu'il connoît, sont celles de l'action musicale; l'intérêt dramatique se trouve effacé par un intérêt plus grand, celui de l'harmonie.

Voilà ce qui décide de la plus grande partie des convenances de la pièce. Troisième et le plus grand objet de difficulté dans la liaison des scènes.

Prétendre, au reste, que toute espèce d'intérêt soit impossible dans les drames de ce genre, ce seroit s'éloigner beaucoup trop du vrai. Ils sont susceptibles d'agrément dans le

style, de situations heureuses, de naïveté dans
les caractères, d'intrigues plaisantes, etc.; mais
on y trouvera plus de mouvement que de raisonnement, plus de saillie que de suite, plus
de motifs piquans que de conduite réglée. Ces
poëmes ne sont que l'esquisse d'un tableau
musical ; c'est un canevas ingénieux, dont le
musicien doit remplir les vides.

Pour apprécier les pièces d'opéras bouffons,
comme il convient, on doit encore en distinguer de deux espèces en Italie ; celles qui sont
faites pour les chanteurs, et celles auxquelles
les chanteurs doivent se faire. Les premières
sont celles que le poëte, et sur-tout le musicien, composent exprès pour les acteurs chan-
tans, et qu'il adapte aux caractères de voix
et aux moyens de la troupe qu'il met en action. Les secondes sont celles qui se repré-
sentent au défaut des moyens qui peuvent procurer celles de la première espèce. C'est ordinairement dans les petites villes, qui ne sauroient monter un théâtre à grands frais, ou
lorsqu'une pièce tombée impose la nécessité
d'en substituer promptement une autre, et
sans de grands préliminaires ; c'est alors que
les chanteurs font choix d'une pièce à laquelle
ils s'adaptent du mieux qu'ils peuvent, et qui

leur permet aussi d'y intercaler des airs et des morceaux de musique favorables à leurs moyens. On reconnoît ces pièces, qu'on appelle à Rome *Centone*, et que nous appellerions ici *Pièces à tiroir*, aux disparates de musique, aux Scènes parasites, aux airs décousus, dont se composent ordinairement ces édifices élevés à la hâte.

J'aurois bien d'autres observations de détail à faire sur tout ce qui a rapport à la composition de ce spectacle, sur la difficulté de se procurer des troupes complétement bonnes, depuis que ce genre de plaisir est devenu celui de toutes les villes d'Italie et de toutes les grandes villes de l'Europe; sur l'usage où elles sont de les renouveller sans cesse, et de jouir ainsi tour-à-tour des meilleurs sujets et des meilleurs maîtres; sur la nature du jeu que comportent les pièces; sur le degré de mérite en ce genre qu'on doit exiger d'acteurs dont l'étude principale n'a jamais pu être l'art du geste; sur l'incompatibilité même qui règne entre les talens de l'acteur chantant et ceux de l'acteur récitant; sur l'avantage du récitatif Italien, qui sert comme de fond aux figures du tableau, qui les détache avec moins de crudité, que le passage si brusque du chant au langage ordinaire, en évitant aussi la confusion qui résulte d'un récitatif trop instrumenté.

Mais de toutes ces réflexions, les unes seroient ici hors de saison, les autres rentrent naturellement dans la question principale, qui est de savoir si la musique peut nous plaire et nous attacher par ses seules ressources, indépendamment de la poésie du langage, et s'il n'est pas vrai qu'il soit impossible d'établir un accord de convenance entre la comédie et la musique, tel que l'une ne cède à l'autre aucun de ses droits.

Si le premier point est prouvé par le fait et par l'expérience, si le second semble l'être par les raisonnemens et les comparaisons que je viens de faire, voici, ce me semble, le résultat de tout ceci.

Le drame comique, accompagné de musique, peut être de trois genres.

Ou parfaitement libre des entraves musicales, et seulement avec un accompagnement qui ne fasse que renforcer la déclamation, comme les comédies des anciens, et celles des premiers temps de l'Italie.

Ou mixte, c'est-à-dire, participant à la régularité dramatique, avec des airs entremêlés qui ne tiennent point au corps du drame, et n'en constituent point l'intérét, comme la plupart des opéras comiques françois.

Ou tout-à-fait musical, c'est-à-dire, que, devenu spectacle de musique, le drame n'est, en quelque sorte, qu'une espèce de charpente dont la musique fait le revétissement : tels sont les opéras bouffons Italiens.

Je comparerois le premier à un grand et bel édifice, dont la beauté des proportions et la régularité de l'architecture, font le seul ornement.

Le second, à une pièce ornée de tableaux portatifs.

Le troisième, à une grande galerie dont l'architecture a laissé l'embellissement aux charmes de la décoration, et à la magie de la Peinture.

Le goût, sans doute, est libre de choisir entre chacun de ces divers genres de plaisir. Ce n'est nullement sur leur choix que j'ai prétendu pouvoir influer, moins encore sur la préférence que l'un mériteroit sur l'autre.

J'ai prétendu seulement que chaque art avoit ses plaisirs et ses moyens indépendans de ceux des autres ; que la comédie est un art et la musique un autre art ; qu'ils peuvent nous plaire en se rapprochant, et nous plaire encore en se séparant.

Je prétends, en outre, que chaque art s'adressant à l'ame par des routes différentes, et l'affectant par des moyens particuliers à chacun d'eux, leur réunion, en général, quand elle peut avoir lieu, ne s'opère que par un sacrifice d'une partie des moyens de l'un des deux; mais que lorsqu'ils se présentent séparément à nous, il faut bien se garder d'apporter au jugement de l'un les organes qui conviennent à l'autre; d'appliquer à celui-ci les mesures de celui-là; que chaque art a, dans nos sens et les facultés variées de notre ame, un ressort et des tribunaux particuliers, dont on doit distinguer et respecter la compétence.

Je prétends encore que si la liaison trop intime de deux arts affoiblit nécessairement la force intrinsèque de l'un des deux, il existe aussi en nous un principe qui s'oppose peut-être encore davantage à cette union par elle-même si difficile; c'est le principe d'unité de l'ame, d'après lequel il est bien reconnu qu'étant une, elle ne peut ni jouir de deux plaisirs égaux à la fois, ni supporter ensemble deux passions également fortes; que toute impression qui se divise s'atténue, et qu'en général la réunion de plusieurs sensations est la preuve ou de leur foiblesse, ou de la légèreté de l'ame qui les reçoit.

D'où je concluerai que plus la musique est parvenue, en se perfectionnant, à produire par elle-même de grandes et fortes émotions, et capables d'occuper l'ame toute entière, plus l'esprit a dû devenir, par degrés, indifférent à la nature des drames, dont la poésie s'est insensiblement retirée, et que la musique ne considère plus aujourd'hui que comme la toile de ses tableaux.

Dans l'état actuel de cet art, je n'ose pas défier la poésie de produire des ouvrages qui partagent le succès avec la musique : cependant, s'il pouvoit y avoir une véritable rivalité en ce genre, je ne sais ; mais ce combat de deux arts qui se disputeroient notre ame, seroit peut-être pénible pour elle, peut-être deux intérêts si forts seroient au-dessus de ses forces, peut-être les sensations se neutraliseroient et se détruiroient au lieu de se fortifier.

Qu'on ne se plaigne donc pas de ne pas rencontrer dans les drames en musique, toutes les convenances qui font le charme de la comédie, de les trouver souvent dénués d'un intérêt qu'ils ne sauroient avoir, puisqu'ils ont été composés dans des principes entièrement contraires à ceux d'après lesquels on voudroit les juger. Ne voit-on pas que le spectacle en musique n'est, si l'on veut le prendre à la rigueur, qu'une tromperie perpétuelle, et qu'aux yeux de la froide raison, la plus outrée de toutes les invraisemblances est le chant même substitué au langage? Mais autant vaudroit reprocher à la sculpture la privation de couleur, à la peinture le défaut de saillie, à la pantomime son silence. Les illusions de chaque art sont plus ou moins bornées; cependant par une compensation assez extraordinaire, les moyens qu'ils ont de les produire sont d'autant plus actifs, qu'ils semblent plus invraisemblables. Malheur, au reste, à celui qui exigeroit de chaque art, des illusions complètes! Si l'illusion arrivoit jusqu'à être entière, elle cesseroit d'être agréable; et si, dans un tableau, je croyois voir réellement le modèle, je ne jouirois plus du plaisir de son imitation. Le secret de tous les arts est de ne se cacher qu'à demi derrière la nature, ou de se trahir en se cachant. Gardons-nous de chercher à détruire les invraisemblances qui tiennent à leur essence, et d'exiger d'eux une espèce de vérité qui seroit plus fallacieuse encore que les contre-vérités qu'on leur reproche. Souvenons-nous sur-tout que le plaisir de l'illusion, dans un art, est d'autant plus vif, qu'il étoit moins probable de l'y trouver. C'est une des causes principales du plaisir de la musique sur le Théâtre. J'irois peut-être jusqu'à dire que si l'on pouvoit ôter de ce spectacle toutes les invraisemblances qu'il comporte, on affoibliroit l'effort que la musique doit faire pour les vaincre, et que le trop de soin à cacher l'artifice nuiroit à l'art.

Il y a plus : ce soin bien superflu seroit encore, je le soutiens, impossible.

Le Spectacle en musique n'est qu'un échange continuel des moyens de la poésie avec ceux de la musique. Ne voyez-vous pas que cette transposition doit infailliblement nuire aux vraisemblances dramatiques ? Ne voyez vous pas que le musicien doit s'emparer de toutes les situations heureuses de la pièce, de tous les instans de sentiment, de passion, de surprise, de ridicule, enfin de tout ce qui pourroit vous plaire, soit par l'art du jeu, soit par l'illusion de l'action que le chanteur et la musique refroidissent, ralentissent nécessairement? Vous voudriez pour l'illusion entière une égalité d'intérêt entre les deux arts ; mais ou vous demandez l'impossible, ou vous ne savez pas ce que vous demandez. Vous voulez donc une statue coloriée, c'est-à-dire, une statue qui ne soit ni sculpture ni peinture.

Je vois que vous ne comprenez pas encore ce que sont les finales dans les opéras Italiens. Vous vous plaigniez de ce que les acteurs entrent, sortent et reviennent presque sans motif; c'est que vous jugez toujours les convenances musicales par les règles des convenances dramatiques; vous êtes toujours à la comédie, et jamais à l'opéra; vous jugez le poète, et point le musicien, ou vous ne jugez la musique qu'avec l'esprit. Mais ne voyez-vous pas que s'il falloit amener, conduire et préparer les scènes qui produisent les incidens d'une finale, s'il falloit les conduire avec tout l'art de la comédie, vous n'auriez jamais de finale? De quoi est-il question? De préparer un grand morceau d'harmonie par plusieurs autres subordonnés qui en sont comme l'exposition. De quoi est-il question? D'amener tous les acteurs à un sentiment commun qui les fasse chanter tous ensemble, et la même chose, et les mêmes paroles. Les scènes préparatoires qui doivent conduire chacun à ce sentiment commun, doivent donc être précipitées. Et que deviendroit la musique, si elle devoit attendre toutes les combinaisons, et

C

suivre toutes les nuances des vraisemblances
morales d'une action parfaitement raisonnée?
Ses moyens seroient énervés, ses effets suspen-
dus, et son action s'annihileroit. Vous voyez
bien que c'est toujours la musique qui dirige
impérieusement les ressorts de la pièce; que
tantôt elle ralentit et tantôt accélère sa marche,
toujours d'après les convenances musicales,
auxquelles il faut bien que le poëte se con-
forme. Aussi verrez-vous presque toujours les
poëmes assujettis à une marche d'intérêt assez
uniforme, parce que les moyens de la musique
le veulent ainsi. La progression de l'intérêt musical a voulu que chaque acte se terminât par
ces morceaux d'harmonie qu'on appelle finale.
Le poëte doit donc faire tendre là tous les
mouvemens de sa pièce, et l'on sent combien
cette sujétion lui offre de difficultés. Ce sont
des données très-gênantes pour lui. C'est dans la
première finale que se trouve toujours le grand
imbroglio : c'est le moment de crise de la
pièce. C'est dans le dernier que se fait le dénoue-
ment ; aussi la première final est - elle ordinairement, par la nature des choses, plus riche et
plus forte d'expression que la dernière. Molière
lui-même n'eût fait que des Ouvrages médiocres, s'il eût été obligé d'assujettir son action

aux entraves d'un autre art, et ce sera toujours le sort des poëtes qui composeront des comédies pour la musique.

Ne vous plaignez donc pas de ne pas voir le poëte, lorsque le musicien le cache. Ne vous plaignez pas que l'action dramatique soit foible, lorsque l'action musicale maîtrise son développement. Ne vous plaignez pas que la suite et le raisonnement de la musique détruise la suite et le raisonnement du drame. Vous avez une grande compensation de ce que vous perdez; vous regagnez en musique ce que vous perdez en action, et l'illusion du chant vous donne ce que vous donneroit l'illusion du jeu.

Que de choses il y auroit à dire, d'après les principes de la théorie de tous les arts, sur l'art du chant, qui fait une des parties principales du spectacle en Musique! On entrevoit sans doute assez comment tout se lie dans ce sujet; on sent que si la marche de la Musique est exclusive des intérêts et des convenances de la comédie, il se peut aussi que le vrai goût du chant ne comporte pas les grands efforts du jeu, ni tous les effets de la pantomime. En Italie, on est convenu que l'art du chant, lorsqu'il est porté à sa perfection , supplée à l'art du jeu , comme la musique supplée au spectacle et à l'intérêt dramatique.

Cette assertion , je le sais , passe ici pour un paradoxe. Je ne chercherai point à l'établir dans ce moment ; je me contenterai de mettre en parallèle de l'opinion de ce pays, sur la nature du chant, une opinion tout-à-fait semblable des Italiens, sur un art dans lequel, au jugement de toute l'Europe, nous l'emportons de beaucoup sur eux : c'est l'art de la danse qui me fournit cet exemple.

On sait que cet art ne fut d'abord, et n'est encore dans bien des pays, qu'un langage muet et inarticulé, qui, par les gestes du corps, exprime les affections de l'âme, en sorte qu'il se lie nécessairement à la pantomime , et devient, dès-lors, capable de rendre tous les sujets dramatiques.

Les anciens ne connoissoient point la danse sans la pantomime , et encore aujourd'hui en Italie, on ne conçoit pas comment on peut prendre du plaisir à la danse, sans que celle-ci soit liée à une action dramatique. On veut que tous les pas et leurs combinaisons, que tous les gestes et les mouvemens variés des danseurs , concourent à exprimer toutes les passions qui entrent dans la composition des ballets tragiques ou comiques, dont on exige de l'unité, de l'intérêt, de la suite, et une conduite très-raisonnée. Enfin c'est l'action qu'on regarde dans le ballet, et fort peu la danse.

A Paris, au contraire, on admet très-souvent la danse sans la pantomime. On croit même que cet art seroit capable d'altérer celui du danseur. Le plus grand nombre des ballets qui ornent le spectacle, ne sont, pour la composition, que des espèces de lieux communs, dénués d'intérêt, et sur-tout d'un intérêt dramatique, ou, pour mieux dire, des espèces de canevas, dont le grand art de nos danseurs doit remplir le vuide; enfin c'est la danse qu'on y applaudit, et fort peu l'intérêt d'une action presque nulle.

Je pourrois me dispenser de dire la raison de cette différence de goût entre les deux peuples ; on la devine aisément. Les danseurs Italiens sont, en général, médiocres hors de la pantomime; ils ne sauroient plaire par l'art seul de la danse : on ne l'admet donc sur le théâtre que comme un des ressorts de la pantomime, et de fait, les danseurs jouent plus qu'ils ne dansent.

A Paris , où l'art de la danse semble être au plus haut degré, on l'y admet le plus souvent indépendant de l'intérét dramatique, et libre des entraves de la pantomime ; et, de fait , les danseurs y dansent plus qu'ils ne jouent.

Encore un mot. On danse à Paris pour danser, comme en Italie l'on chante pour chanter.

F I N.